Schröder 2. Auflage
hrsg. Sajad Pir Ahmadian

Inhaltsverzeichnis

Vorwort
Krieg
Ausländerrecht
Politische Bestätigung des Ausländers
Grundlagen der Polizeipsychologie
Flucht, Asyl und Integration aus rechtlicher Perspektive
   1.Flüchtlinge als Opfer von Straftaten
   2.Der strafrechtliche Schutz vor. Übergriffen auf Flüchtlinge
   3.Integration als Chance einer kritischen Überprüfung der «deutschen Grundwerte»
   4.Grundwerte in Philosophie und Ethik
   5.«Besser, wer fliehend entrinnt einer Gefahr, als wen sie ereilt»
Leiden von Leib, Leben oder Freiheit in Kaiserslautern und Verdächtigung des Ausspähens von meiner Daten
Der blaue Flüchtlingspass
gesellschaftspolitischer Kampfbegriff – Gerechtigkeit
Juden raus
Sanierungsmaßnahmen
Kritik der schwarzen Vernunft
Sprechen lernen (k)ein Problem?
Notiz

Literaturverzeichnis

Vorwort

Doch ehe jemand den ersten Stein auf uns wirft, sollte er sich zuvor daran erinnern, dass wir als Juden keinerlei rechtlichen Status in dieser Welt besitzen.

Wirst du dann glücklicher sein", fragte sie ihn verzweifelt. „**Verfluchte Wissenschaft! Verfluchter Dämon!** Claës, du vergisst, dass du die Sünde der Anmaßung begehst, die Sünde, der sich Satan schuldig machte; du verleihst dir die Eigenschaften Gottes." (Balzac 1834) Man soll der Schweigsamkeit zuliebe bisweilen sogar auf gute Gespräche verzichten. Um so mehr müssen wir wegen der Bestrafung der Sünde von bösen Worten lassen. In der Tat: Je mehr Gesetze es gibt, desto größer kann die Versu- chung sein, sie zu umgehen. Ohne jegliche gesetzliche Zwänge kann jedoch die unmoralische Minderheit die moralische Mehrheit zumindest kurzfri- stig austricksen.

Verflucht wurden diejenigen Ungläubigen von den Kindern Israels durch die Zunge Davids und Jesus', des Sohnes der Maria. Dies, weil sie ungehorsam waren und (gegen die Gebote) verstießen.[1]

Ewig bleiben sie darin; ihnen wird die Strafe nicht erleichtert und ihnen wird kein Aufschub gewährt.[2]

Alles sei allen gemeinsam
Sajad Pir Ahmadian

Krieg

Der Krieg ist also ein Akt der Gewalt, um den Gegner zur Erfüllung unseres Willens zu zwingen.

Der Krieg einer Gemeinheit – ganzer Völker – und namentlich gebildeter Völker, geht immer von einem politischen Zustande aus und wird nur durch ein politisches Motiv hervorgerufen. Er ist also ein politischer Akt. Die Politik also wird den ganzen kriegerischen Akt durchziehen und einen fortwährenden Einfluß auf ihn ausüben, soweit es die Natur der in ihn explodierenden Kräfte zuläßt. So sehen wir also, daß der Krieg nicht bloß ein politischer Akt, sondern ein wahres politischen Verkehrs, ein Durchführen desselben mit anderen Mitteln.

Der Tötungsabsicht kann sich die Erwähnung widersetzen, daß der Feind zu nützlichen Dienstleistungen verwendet werden kann, wenn man ihn eingeschüchtert am Leben läßt. Denn begnügt sich also die Gewalt damit, ihn zu unterwerfen anstatt ihn zu töten. Es ist de Anfang der Schonung des Feindes, aber der Sieger hat von nun an mit der lauernden Rachsucht des Besiegten zu rechnen, gibt ein Stück seiner eigenen Sicherheit auf.

Wir wissen, dies Regime ist im Laufe der Entwicklung abgeändert worden, es führt <u>ein Weg von dar Gewalt zum Recht, aber welcher?</u> Er führte über die Tatsache, daß die größere Stärke des Einen wettgemacht werden konnte durch die Vereinigung mehrerer Schwachen. „L'union fait la Force". Gewalt wird gebrochen durch Einigung, die Macht dieser **Geeinigten stellt** nun das Recht dar im Gegensatz zur Gewalt des Einzelnen.

Recht und Gewalt sind uns heute Gegensätze.

1,2. Nach § 31 V UrhG bestimmt sich der Umfang der Nutzungsrechte nach dem mit ihrer Einräumung verfolgten Zweck, wenn die Nutzungsarten, auf die sich das Recht erstrecken soll, im Vertrag nicht im Einzelnen bezeichnet sind (Zweckübertragungslehre).

Bundesamt
für Migration
und Flüchtlinge

Bearbeitende Stelle:
Referat Außenstelle Trier

Hausanschrift: Dasbachstraße 15b, 54292 Trier
Postanschrift: Postfach 12 90, 54292 Trier
Tel: 0651 1463-0
Fax: 0651 1463 199

Zuständige Ausländerbehörde:

Stadtverwaltung Trier
-Aussenstelle Dasbachstrasse-
Postfach 34 70
54224 Trier

Niederschrift zu einem Asylantrag (Teil 1)

Aktenzeichen: 5535422 - 439

1 Antragsteller
Datum der Antragstellung: 23.02.2012

	Antragsteller 1	Antragsteller 2
1. Familienname	Pic Abiradian	
2. Geburtsname		
3. Vorname	Sajad	
4. Geburtsdatum	13.08.1986	
5. Geburtsort	Shiraz	
6. Staatsangehörigkeit	Iran, Islamische Republik	
7. Volkszugehörigkeit	Perser (Fars)	
8. Religion	Schiiten	
9. Familienstand	Ledig	
10. Geschlecht	männlich	
11. Sprache (1.)	Persisch	
12. Sprache (2.)		
13. Land d.gewöhnlichen Aufenthalts	Iran, Islamische Republik	
14. Aliasnamen	Nein	
Name		
Vorname		
Geburtsort		
Geburtsdatum		
15. Personalpapiere (nur Pass, Passersatz, Passmuskerweis	Nein	
16. Pass-Visum (wiklosvermerk) für Bundesgebiet	Nein	
17. Zugewiesene Anschrift	Aufnahmeeinrichtung Trier Dasbachstraße 19 54292 Trier	
AZ Land / ABH		
18. Art des Asylantrags	Asylerstantrag (Art.16a+(60E)	
19. ED-Material vorhanden?	Nein	
20. AZR-Nummer	120223014027	
21. Früherer Asylsuchantrag	Nein	
(wenn ja, intäts AZ?)		
22. Vorratz/Empfängerbevollmächtigter		
Vollmacht/ An den Vertreter		

Ich versichere die Richtigkeit meiner Angaben. Die Niederschrift stimmt in allen Punkten mit meinen Angaben überein.

Unterschrift des Antragstellers   Unterschrift des Antragstellers   Sprachmittler   gesehen

**Bundesamt
für Migration
und Flüchtlinge**

Bearbeitende Stelle:	
Referat Außenstelle Trier	
Hausanschrift:	Dasbachstraße 15b
	54292 Trier
Postanschrift:	Postfach 12 30
	54292 Trier
Tel : 06511/463-0	
Fax: 06511/463199	

Bundesamt für Migration und Flüchtlinge, 90343 Nürnberg
Geschäftszeichen: 5535422 - 439

Sajad Pir Ahmadian

Aufnahmeeinrichtung Trier
Dasbachstraße 19
54292 Trier

Ihre Zeichen, Ihre Nachricht vom	Mein Zeichen, meine Nachricht vom	☏ (Durchwahl)	Datum
	5535422 - 439	209	18.04.2012

Asylverfahren des/der

Vorname/NAME	geb. am
Sajad PIR AHMADIAN	15.08.1986

Terminbenachrichtigung zur Anhörung gem. § 25 Abs. 4 AsylVfG
Sehr geehrte(r) Frau/Herr Pir Ahmadian,
in dem vorbezeichneten Asylverfahren ist folgender Termin zur persönlichen Anhörung gem. § 25 Abs. 4 AsylVfG anberaumt worden:

am **02.05.2012** um **9:00** Uhr

Dienstgebäude: 66822 Lebach
Straße: Schlesierstraße 17
Zimmer:

Hinweis für den/die Antragsteller
Sie müssen **persönlich** zum o. g. Termin erscheinen, sich selbst über die Tatsachen erklären, die Ihre Furcht vor politischer Verfolgung begründen und die hierfür erforderlichen Angaben machen. Bei der Anhörung obliegt es Ihnen auch, alle sonstigen Tatsachen und Umstände anzugeben, die einer Abschiebung oder Abschiebung in einen bestimmten Staat entgegenstehen.
Bitte nehmen Sie den Termin unbedingt wahr. Bei der Anhörung steht Ihnen ein Dolmetscher zur Verfügung. **Sollten Sie ohne genügende Entschuldigung nicht zur Anhörung erscheinen, wird über Ihren Antrag nach Aktenlage entschieden, wobei auch Ihr Nichtmitwirken am Asylverfahren gewürdigt wird.**
Sie werden gebeten, alle vorhandenen Personalpapiere und sonstigen Dokumente mitzubringen, die für das Asylverfahren von Bedeutung sein können. Dazu gehört auch diese Terminmitteilung und die Aufenthaltsgestattung. Unterlagen und Beweismittel wie auch handschriftliche Ergänzungen zum Asylantrag sind vorzulegen. Im Falle einer Verhinderung durch Krankheit müssen Sie unverzüglich die Reise- und/oder Verhandlungsunfähigkeit durch ein ärztliches Attest nachweisen.

Mit freundlichen Grüßen
Im Auftrag

Schmitt

Ausländerrecht[3]

Der Begriff der **Sicherheit** umfaßt die äußere und die innere Sicherheit der Bundesrepublik Deutschland. Bei der Feststellung, ob der Ausländer aus schwerwiegenden Gründen als eine Gefahr für die Sicherheit der Bundesrepublik Deutschland anzusehen ist, genügen nicht allgemeine Erwägungen bzw. Annahmen, vielmehr bedarf es einer konkreten Feststellung. Schwerwiegende Gründe sind insbesondere Spionage, Sabotage, umstürzlerische Bestrebungen und politischer Terrorismus.

Rechtsschutz gegen eine Ausweisungsverfügung wird durch Widerspruch (Art 68f VwGO) und Anfechtungsklage (Art 42 VwGO) begehrt. Nach Art 113 Abs. 1 Satz 2 VwGO ist die angefochtene Verfügung aufzuheben, soweit sie rechtswidrig und der Kläger dadurch in seinen Rechten verletzt ist.

Für die Verwaltungsgerichte Beurteilen der Rechtmäßigkeit der Ausweisung ist die Sach- und Rechtslage bei Erlaß der letzten behördlichen Entscheidung maßgebend (Widerspruchsbescheid). Das Verwaltungsgericht darf demgemäß nicht auf die Sachlage im Zeitpunkt seiner mündlichen Verhandlung abstellen.

---

3. Nach § 31 V UrhG bestimmt sich der Umfang der Nutzungsrechte nach dem mit ihrer Einräumung verfolgten Zweck, wenn die Nutzungsarten, auf die sich das Recht erstrecken soll, im Vertrag nicht im Einzelnen bezeichnet sind (Zweckübertragungslehre).

für Befragungswesen
Berlin
- Ast. Wiesbaden -

Herr
Pir Ahmadian
Marxstr. 19
67657 Kaiserslautern

Sehr geehrter Herr Pir Ahmadian,

der tiefgreifende politische, wirtschaftliche und gesellschaftliche Wandel in der Welt, insbesondere in den Ländern Mittel-, Ost- und Südosteuropas sowie in den Staaten des Nahen und Mittleren Ostens, macht es erforderlich, die Regierung der Bundesrepublik Deutschland über sich abzeichnende Veränderungen in diesen Ländern fortlaufend zu unterrichten.

Aufgabe der Hauptstelle für Befragungswesen ist es, sich an der Sammlung und Auswertung zuverlässiger Informationen hierüber zu beteiligen.

Wir wären Ihnen deshalb dankbar, wenn Sie sich zu einem Gespräch zur Verfügung stellen würden. Es liegt in Ihrer Hand, ob Sie diesem Wunsch folgen und in welchem Umfang Sie uns Ihr Wissen anvertrauen wollen. Wir sichern Ihnen Vertraulichkeit zu.

Wir schlagen Ihnen vor, dass ich Sie am **19.06.2012** um ca. **10.15 Uhr** in der Marxstr. 19 in Kaiserslautern besuchen werde.

Sollten Sie zu diesem Termin verhindert sein, melden Sie sich bitte, um unnötige Kosten zu verhindern, bei oben angegebener Nummer und fragen nach Fr. Bele (**Hauptstelle für Befragungswesen, Wiesbaden**). Sollten Sie sich nicht mehr melden, gehen wir von Ihrer Zustimmung zu dem Treffen aus.

Mit freundlichen Grüßen
Im Auftrag

(i.A. Bele)

Politische Bestätigung des Ausländers[5]

Mit den aufgezeigten Schwierigkeiten im Bereich der Tatsachenfeststellung, der politischen Beurteilung und der praktischen Erfolgsaussicht des behördlichen Handelns sind indessen die Probleme noch nicht erschöpft. Auch in rein rechtlicher Hinsicht ist die Anwendung des § 6 AuslG keineswegs einfach. Hierauf soll im folgenden näher eingegangen werden.

Festzuhalten ist jedenfalls, daß eine politische Tätigkeit, die nicht die Charaktermerkmale einer strafbaren Handlung aufweise, den Beschwerdepunkt bildete und daß der internationale Richter gegen die aufgrund dieser Tätigkeit angeordnete Ausweisung keine Einwände erhoben hat.

Auch das neuere Schrifttum wendet sich überwiegend gegen die These, daß der Aufenthaltsstaat verpflichtet wäre, dem Fremden speziell gegenüber seinem Heimatstaat ein Schweigegebot aufzuerlegen.

Wie dieser Streitpunkt aber auch zu entscheiden sein mag, der deutsche Gesetzgeber hat jedenfalls mit dem Erlaß der Vorschrift des § 103 StGB ausreichende Vorsorge getroffen.
Es liegt auf der Hand, daß eine solche einschneidende Beschränkung des Rechts auf freie Meinungsäußerung vor Art. 5 GG keinen Bestand haben könnte und deshalb vom Gesetzgeber sicher nicht gewollt ist. Ausserdem – und hierin mag der letztlich durchschlagende Grund gesehen werden – wäre nicht einzusehen, weshalb das Völkerrecht, sei es nun allgemeines Völkerrecht oder Vertragstecht, für den Ausländer Heiliger sein sollte als für den deutschen Staatsbürger.

Die Geeralklausel des § 6 Abs. 2 AuslG gibt im übrigen wesentliche Elemente für die Aufhellung des Begriffs „Politischen" an die Hand, wie ihn die Schöpfer des Gesetzes verstanden haben. Es läßt sich schwerlich vorstellen, daß im Falle einer erheblichen Beeinträchtigung der Belange der Bundesrepublik ein Einschreiten der Auslnderpolizeibehörden deswegen ausgeschlossen sein sollte, weil das im Einzelfall beanstandete Verhalten seiner Zielrichtung nach nicht politischer Natur ist.

Allerdings kann die erforderliche Güterabwägung nicht immer rein abstrakt erfolgen. Sie verlangt namentlich zur Beurteilung der Frage, ob den in § 6 Abs. 2 AuslG[4] genannten Rechtsgütern eine wirklich ernstzunehmende Beeinträchtigung droht, häufig eine Betrachtung der Umstände des Einzelfalles. Die Intensität der Gefährdung des mit der Meinungsfreiheit konkurrierenden Rechtsgutes spielt bei der Bestimmung des Vorranges eine maßgebliche Rolle. Wenn es als logischer Fehler angesehen wird, die Frage der „ Allgemeinheit" eines Gesetzes von der Würdigung der Interessenlage im konkreten Anwendungsfall her beantworten zu wollen, so ist dies jedenfalls nicht ein Mangel des in Rede stehenden Gesetzes. Dieser methodische Weg ist in der Rechtsprechung des BverfG selbst angelegt. Die Praxis kann nicht umhin, die dort entwickelte Deduktion nachzuvollziehen.

---

4. Der Begriff der Sicherheit umfaßt die äußere und die innere Sicherheit der Bundesrepublik Deutschland. Bei der Feststellung, ob der Ausländer aus schwerwiegenden Gründen als eine Gefahr für die Sicherheit der Bundesrepublik Deutschland anzusehen ist, genügen nicht allgemeine Erwägungen bzw. Annahmen, vielmehr bedarf es einer konkreten Feststellung. Schwerwiegende Gründe sind insbesondere Spionage, Sabotage, umstürzlerische Bestrebungen und politischer Terrorismus.

Läßt sich Anteil Einzelfall feststellen, daß die politische Bestätigung eines Ausländers in erster Linie durch die Absicht bestimmt wird, hiermit einen Anspruch auf Asyl aufzubauen, so müssen für behördliche Eingriffe auf Grund des § 6 AuslG wesentlich geringere Anforderungen genügen als

in Fällen einer echten politischen Motivation, weil das mit den öffentlichen Belangen abzuwägende Interesse des Ausländers bei einem solchen Sachverhalt gar nicht im Schutzbereich des Art. 5 GG liegt.

5.Nach § 31 V UrhG bestimmt sich der Umfang der Nutzungsrechte nach dem mit ihrer Einräumung verfolgten Zweck, wenn die Nutzungsarten, auf die sich das Recht erstrecken soll, im Vertrag nicht im Einzelnen bezeichnet sind (Zweckübertragungslehre).

Amtsgericht
Kaiserslautern

Amtsgericht Kaiserslautern, 67653 Kaiserslautern

Herrn
Pir Sajad
Astarweg 39
67657 Kaiserslautern

Bahnhofstraße 24
67655 Kaiserslautern

Ihr Schreiben vom Ihr Zeichen	Unser Aktenzeichen (Bitte stets angeben!) 1 UR II 1874/12	Telefon, Telefax, Bearbeiter(in) 0631 3721 -413, Fax: -404 Frau Munzinger	Datum 30.01.2013

In Sachen
Sajad, P.
wg. Beratungshilfesache

Sehr geehrter Herr Sajad,

anliegend wird der erteilte Berechtigungsschein im Original (für den Rechtsanwalt, zur Vorlage mit der Vergütungsabrechnung) und einer Abschrift (für die Unterlagen des Antragstellers) übersandt.

Mit freundlichen Grüßen
Auf Anordnung

Munzinger, Justizsekretärin
Dieses Schreiben wurde elektronisch erstellt und ist ohne Unterschrift gültig.

Amtsgericht Kaiserslautern
Beratungshilfestelle
Az.: 1 UR II 1674/13

Berechtigungsschein

Sajad, Pir Ahmadion
Ackerweg 39, 67657 Kaiserslautern

Bezeichnung der Angelegenheit

Asylverfahren beim Bundesamt

Dem Rechtsuchenden wird rechtliche Beratung und - soweit erforderlich - Vertretung durch einen Rechtsanwalt in der oben bezeichneten Angelegenheit bewilligt.

In Straf- und Bußgeldsachen beschränkt sich die Tätigkeit des Anwalts auf Beratung.

Kaiserslautern, 30.01.2013   Thomas
                              Rechtspflegerin

Quittung

Für rechtliche Beratung - und Vertretung - in der oben bezeichneten Angelegenheit wurde eine Gebühr gemäß Nr. 2500 VV RVG in Höhe von 10,00 EUR bezahlt.

Ort und Tag   Unterschrift des Rechtsanwalts

Grundlagen der Polizeipsychologie[6]

Eine Entführung- hier mit Bereicherungsabsicht in Form eines erpresserischen Menschenraubes – stellt die Polizei ebenso wie eine Geiselnahme vor eine besondere Aufgabe. Der Polizeiliche Auftrag umfasst zum einen, das Leben des Entführten zu schützen und ihn zu befreien (Gefahrenabwehr) und **zum anderen, Beweisen zu sichern und die Täter festzunehmen (Strafverfolgung).**

Wiegel (1990) unterscheidet vier Tätertypen: Vermögenstäter, Krisentäter, Politisch/Ideologisch motivierte Täter sowie psychopathische bzw. geistesgestörte Täter.

Vermögenstäter
Der Vermögenstäter verfolgt mit der Geiselnahme das Ziel, einen Ausweg aus seiner häufig hoffnungslosen finanziellen Situation zu finden: Erwerbslosigkeit oder der Erhalt von Geld für eine aufwändige Krankenbehandlung, aber auch der Wunsch nach einem Leben im Luxus können mögliche Motive sein. In der überwiegenden Zahl der Fällen setzen Vermögenstäter die Geiselnahme als Mittel zur Durchführung von Überfällen auf Geldinstitute ein.

Bei etwas über 15% der Banküberfälle handelt es sich jedoch um so genannte atypische Überfälle. Hierbei bringen die Täter außerhalb der Öffnungszeiten geeignete Mitarbeiter wie etwa Filialleiter oder Schlüsselträger oder sogar deren Angehörige in ihre Gewalt und verlangen die Herausgabe von Geld.

Krisentäter
Krisentäter befinden sich in der Regel in einer aktuellen Krise, die sie zu einer Geiselnahme veranlasst. Diese Krise kann ein persönlicher oder zwischenmenschlicher Konflikt sein, eine akute Krankheit oder auch als ungerecht empfundene Zwangsmaßnahmen privater oder staatlicher Stellen.

Politisch/ Ideologisch motivierte Täter
Die Motive dieser Täter liegen in ihren politisch-Ideologischen Einstellungen. Ihnen geht es um die Freipressung von Gefangenen, um Rache und möglicherweise auch um die Beschaffung von Geld zur Finanzierung weiterer Aktivitäten. Politisch/Ideologisch motivierte Täter handeln meist in **Gruppen** und sind auf ihre Taten gut vorbereitet. Sie unterliegen im Gegensatz zu den anderen Tätertypen einem starken Gruppendruck bzw. Ehrenkodex, der ein Aufgaben gegenüber der Polizei verbietet. Insofern ist die Beeinflussbarkeit durch die Polizei oder andere als niedrig einzuschätzen, die Gefährdung der Opfer dagegen eher hoch.

Psychopathische bzw. geistesgestörte Täter
Dieser Personenkreis lässt sich am ehesten durch seine realitätsfernen, immer wieder geänderten bzw. ins Maßlose gesteigerten Forderungen erkennen. Der psychopathische bzw. geistesgestörte Täter ist besonders gefährlich, weil die von ihm ausgehende Gefährdung der Geiseln, seine Handlungsabläufe und Reaktionen nur schwer einschätzbar sind. Mögliche Motive für derartige Täter sind Rache, das Ausleben eines Geltungsdranges sowie Wahnvorstellungen. Die Beeinflussbarkeit dieser Menschen durch andere ist als ungewiss einzustufen. Im Regelfall fehlt psychopathischen oder geistesgestörten Tätern die Vitale Energie, Konzeptionsfähigkeit und Konsequenz, die zur Durchführung einer Geiselnahme erforderlich ist.

Flucht, Asyl und Integration aus rechtlicher Perspektive[7]

1. Flüchtlinge als Opfer von Straftaten

Für einen Beobachtungszeitraum von einem Jahr analysierten Althoff und de Haan alle Vorfälle in dem Asylbewerberzentrum, die zur politischen Registrierung eines Bewohners der Unterkunft führten. Unter den sieben näher untersuchten Straftaten waren neben Delikten gegen die Person (wie Gewalttätigkeiten und Bedrohung) auch solchen gegen das Vermögen (wie Sachbeschädigung und Diebstahl).

Mit Blick auf die neueren Entwicklungen in den vergangenen Jahren haben zunächst Cornel, Dünkel, Pruin, Sonnen und Weber in einem 2015 veröffentlichten «Kriminologischen Zwischenruf» ganz allgemein darauf hingewiesen, dass Flüchtlinge in Deutschland Opfer von Beleidigung, Körperverletzungen, Brandstiftungen und Tötundsdelikten würden. Personen aus dieser Gruppen sollten daher nicht nur als potenzielle Täter Aufmerksamkeit erhalten, sondern auch als möglich Opfer von Straftaten.

Zwar ist Migration keineswegs zwangsläufig mit derart gravierenden Folgen verbunden. Es handelt sich jedoch auch nicht um Einzelfälle, wie historisch die zum Ende des römischen Reiches führende Völkerwanderung oder die Verdrängung der indianischen Urbevölkerung im Zuge der Besiedlung der beiden Amerikas durch europäische Einwanderer verdeutlichen.

Vor diesem Hintergrund ist offensichtlich, dass Migration über die individuelle stets eine gesellschaftliche, politische und damit nahezu zwangsläufig auch **juristische Dimension** aufweist. Das Recht dient dabei als Instrument, Migration zu ermöglichen, zu verhindern oder jedenfalls zu beeinflussen.

2. Der strafrechtliche Schutz vor. Übergriffen auf Flüchtlinge

Hasskriminalität Hasskriminalität kann Gegenstand jedes Straftatbestands des Strafgesetzbuches sein, falls die Tatbestandsverwirklichung mit einer besonderen Motivation der Täterin oder des Täters verbunden ist. Im Hinblick auf Straftatbestände, die vorurteilsbedingte Gewalt unter Strafe stellen, kommen neben den klassischen Gewaltdelikten wie den Tötungsdelikten, Körperverletzungsdelikten und Sexualdelikten, auch alle anderen Delikte in Betracht, bei denen Menschen zu Schaden kommen oder **bedroht werden**, z.B. Brandstiftung, Nötigung, Raub, Erpressung, erpresserischer Menschenraub oder Geiselnahme.
Beton werden muss auch, dass es keine speziellen Straftatbestände zum Schutz von Flüchtlingen gibt. Ob ein solche Sonderstrafrecht überhaupt sinnvoll und verfassungsrechtlich zulässig wäre, braucht hier nicht vordringlich geklärt zu wenden. Denn **das StGB** enthält eine Vielzahl von Strafvorschriften, die auf den Schutz von Individualrechtsgütern oder von Rechtsgütern der Allgemeinheit und des Staates gerichtet sind. An diesem **Schutz** partizipieren **Flüchtlinge gleichermaßen.**

Die Individualrechtsgüter wie etwa Leib, Leben und Freiheit werden vom deutschen Strafrecht unabhängig von der Nationalität oder dem rechtlichen Status eines Menschen geschützt. Zuwanderer werden übrigens hauptsächlich Opfer von Rohheitsdelikten (vor allem Körperverletzungen) und von Straftaten gegen die persönliche Freiheit, vielfach innerhalb der Erstaufnahmeeinrichtungen und Sammelunterkünfte durch andere Flüchtlinge oder das Wach- bzw. Sicherheitspersonal;

Flüchtlinge werden vielfach Opfer einer Nötigung (§ 240) oder einer einfachen (§ 223 StGB), gefährlichen (§ 224 StGB) oder gar schweren Körperverletzung, anders als bei der Tötung, jedoch keinen tatbestandlichen Strafschärfungsgrund, etwa innerhalb des § 224 StGB, dar.
Der gleiche Befund zeigt sich bei den Brandstiftungsdelikten. Bei der besonderen schweren Brandstiftung (§ 306 StGB) etwa ist zwar die Absicht, eine andere Straftat zu ermöglichen oder zu verdecken, als Qualifikation in § 306 Abs. 2 Nr. 2 StGB ausgestattet; damit sind auch Brandstiftung erfasst, mittels derer ein Mensch aus rassistischen Motivation (§ 211 Abs. 2 Gr. 1 Var. 4 StGB) umgebracht werden soll. Wenn aber das Gebäude ohne eine solche Intension in

Brand gesetzt wird, das Feuer aber gleichwohl von den Brandstiftern[8] quasi als Fanal des
Rechtsextremismus dienen soll, so könnte dies nur im Rahmen der allgemeinen Strafzumessung
bei der einfachen bzw. schweren Brandstiftung (§ 306, 306a StGB) nach § 46a Abs. 2 Gr. 1 StGB
strafschärfend berücksichtigt werden.

3.Integration als Chance einer kritischen Überprüfung der «deutschen Grundwerte»
Einführung In der politischen Wirklichkeit erscheinen die deutschen Grundwerte als vermeintlich fest Bastion, die es zu verteidigen gilt. So das einmütige Bekenntnis aller Politiker – über Parteigrenzen hinweg. Einbürgerungstest verlangen ein «Bekenntnis zu den Grundwerten des deutschen Grundgesetzes».

Gang der Untersuchung Bei all dem geht es gerade nicht um die Formulierung einer Art Leitkultur, um die fruchtlose Suche nach der «identitätsbildenden Prägung» Deutschlands, der sich Flüchtlinge dann schlicht unterordnen oder in deren Strukturen sie sich eingliedern sollen. Vielmehr soll hier der Blick gerichtet sein auf den Lernprozess der Deutschen. Dieser Lernprozess ist – wie alles Lernen – als fortlaufend zu begreifen. Er könnte aber durch die Fluchtbewegungen der letzten Zeit einen neuen Anstoß erlangt haben.
Ganz am Ende steht dann die Frage nach einer deutschen Verfassungsidentität – einer neuen, in Integration, aus zu Einheit integrierten Werten.

4.Grundwerte in Philosophie und Ethik
Staatsphilosophie Vor allem in der Weimarer Zeit gab es dazu eine intensiv geführte Diskussion, über die allein sich eine eigene Ringvorlesung halten leiße. Anknüpfungspunkt war die Präambel der Weimarer Reichsverfassung, in der es zur Aufgabe des Staates erklärt wurde, der «*Freiheit und Gerechtigkeit, dem inneren und äußeren Frieden zu dienen und den gesellschaftlichen Fortschritt zu fördern*». Daraus und aus anderen Verfassungsbestimmungen sollte sich, wie *Rudolf Smend* dies formuliert, «ein bestimmtes Kultur- und Wertsystem» ablesen lassen. Es wurde also der verfassundstheoretische Versuch unternommen, hinter den positiven Regelungen der Verfassung eine Art geistiges, einendes Band zu finden.
Staatsphilosophisch wird auch unter dem Grundgesetz die Diskussion um die Grundwerte fortgeführt, nun steht aber der Bürger im Zentrum. Für ihn soll es einige, wenige fundamental Werte geben, die ihm «den eigentlichen Kompass» liefern sollen, «um in ständig wechselnden Situationen, Unrechtes von richtigem Handeln, Unrecht von Recht scheiden zu können». Was den konkreten Inhalt der sogenannten Grundwerte betrifft, so gibt es auch heute noch viele Modelle, deren Analyse allein einen Abend füllen könnte. Die meisten gehen von Grundgesetz aus, dem bestimmte Werte zugrunde lägen: Menschenrechte, Freiheit, Gerechtigkeit, Sicherheit und Wohlstand werden hier genannt, etwa von *Martin Kriele*, teilweise werden auch Demokratie und Verbandeesen dazu gezählt, so *Hans Herbert* von *Arnim*, all dies abgeleitet aus einzelnen Bestimmungen der Verfassung.

Orientierungsstiftende Funktion können Grundwerte nur dann entfalten, wenn drei dazu, auf die diese Untersuchung beschränkt sei: Freiheit, Gleichheit und Sicherheit. Die Kernfrage der Wertediskussion liegt heutzutage aber nicht darin, in der eine oder andere Wert noch hinzugezählt werden sollte zu den Grundwerten. Es geht vielmehr um etwas Anderes: im die Rolle der Moral.

6,7. Nach § 31 V UrhG bestimmt sich der Umfang der Nutzungsrechte nach dem mit ihrer Einräumung verfolgten Zweck, wenn die Nutzungsarten, auf die sich das Recht erstrecken soll, im Vertrag nicht im Einzelnen bezeichnet sind (Zweckübertragungslehre)

8. Eine Treuhandstiftung (auch unselbstständige, nichtrechtsfähige oder fiduziarische Stiftung genannt) wird durch einen Vertrag zwischen dem Stifter und dem Treuhänder (Träger) oder per Verfügung von Todes wegen erreichtet. Der Stifter überträgt das Stiftungsvermögen dem Treuhänder, der es getrennt von seinem eigenen Vermögen gemäß den Satzungsbestimmungen der Stiftung verwaltet. Das gestiftete Vermögen selbst muss als Grundkapital der Stiftung erhalten bleiben und kann auch selbst eine gesellschaftliche Wirkung entfalten. Denn eine Stiftung ist für die Ewigkeit gedacht und kann in der Regel nicht aufgelöst werden

Moralische Werte, also etwa Aufrichtigkeit, Rücksichtnahme, Treue, Hilfsbereitschaft, Solidarität, sollen ja, wie bereits im Philosophischen Zusammenhang deutlich wurde, einen besonderen Stellenwert haben – in dem Sinn, dass sie für eine sozialverträgliche Realisierung der politischen Werte sorgen. In diesem Sinn definiert etwa *Bernd Rüthers* Grundwerte als «fundamentale Wertvorstellungen über das Mensch Zusammenleben», welche die gemeinsame Basis bilden sollen für die Rechtsnormen einerseits und zugleich für die von diesen – trotz gewisser Berührungspunkte – streng zu unterscheiden Moralnormen auf der anderen Seite. Für den Inhalt der Grundwerte bedeutet dies, dass man bei ihrer Bestimmung auf eine moralische Komponente nicht wird verzichten können.

Und wird heute der Begriff der Wissenschaft, damit auch derjenige der Rechtswissenschaft, nicht immer stärker geprägt durch die Naturwissenschaften?

Integration im Lernprozess Im Lateinischen bedeutete «integrale» das «Ergänzen zu einer Einheit», zu ihrer Bewahrung in Unverletzlichkeit. Die Französische Enzyklopädie unterscheidet noch im 18.Jahrhundert « Wesenselemente» von «in Integration Hinzugefügtem, Ergänzendem» - dort aber folgt dem sogleich die Integrations- Wende: Die Entdeckung der Integralrechnung. Integration ist letztlich eine Zusammenfassung, ein neuer Zusammenhalt, ein Zusammenwirken kleinster Teilchen zu einem Größeren, der Individuen zu ihrem Staat, nicht zu einem « Ganzen», sondern zu « Einem».

5.«Besser, wer fliehend entrinnt einer Gefahr, als wen sie ereilt»
Das deutsche Strafrecht hält ein ausreichendes Instrumentarium an strafrechtlichen und Strafprozessualen Möglichkeiten bereit, um dem Phänomen des Hasses gegenüber Flüchtlingen adäquat begegnen zu können. Dies gilt sowohl für den Schutz der Individualrechtsgüter von Flüchtlingen als auch für ein kollektives Rechtsgut wie den öffentlichen Frieden, an dem selbstredend Flüchtlinge als Teil der Bevölkerung partizipieren.

Leiden von Leib, Leben oder Freiheit in Kaiserslautern und Verdächtigung des Ausspähens von meiner Daten

Am 05.02.2013 in Westpfalz-Klinikumds-Standort Kaiserslautern befand die Behandlung der Diagnose: Phlegmonöse A ppendicitis, folglich besteht dort für mich eine erhebliche konkrete Gefahr für Leib, Leben oder Freiheit, (Nach Art 60 Abs. 7)[9] sodass hat die Behandlung die Gesundheitsstörung (persönlichkeitsveränderung, Sprach- und Sprechstörung, Vergesslichkeit, Bewusstlosigkeit, Veränderung der Genitalien, Verdächtigung des Ausspähens von meine Daten) mit sich gebracht. Verbracher scheuen aber häufig die Mühen und gegebenenfalls die Kosten, um die Ansprüche geltend zu machen, folglich verursachen sie psychologische Folter.

Meist tritt eine Blinddarmentzündung sehr plötzlich auf. Die Kinder Klagen über Bauchschmerzen und starke Berührungsempfindlichkeit im rechten Unterbrauch. In leichteren Fällen mit milder oder unklarer Symptomatik kann unter Umständen bei Bettruhe noch abgewartet werden, ob die Entzündung nicht von selbst wieder abklingt. Dabei ist aber eine genaue Beobachtung der Kinder mit wiederholten Blutentnahmen erforderlich, um eine Verschlechterung sofort zu erkennen. Wartet man mit diesem Eingriff zu lange, kann der Blinddarm " durchbrechen ", d.h. die Entzündete Darmwand reißt ein und Stuhl, Eiter sowie infektiöse Bakterien gelangen in den Bauchraum. In diesem Fall droht eine gefährliche Bauchfellentzündung (Peritonitis).

Welche Tätigkeiten haben Ihnen zum Beispiel bei Ihrer Letzten Beurteilung viel Lob oder aber womöglich auch Kritik eingebracht?

Ein weiteres wichtiges "Behandlungsobjekt" der Urologen ist die Vorsteherdrüse (Prostata), die beim Mann als kastaniengroße Dürse rund um die Harnröhre angelegt ist und die Samenflüssigkeit produziert. Einen wichtigen Fortschritt in der Urologie stellt hier die Ultraschalluntersuchung über den Darm dar (transrektaler Ultraschall).

9.Aufenthaltsgesetz Art 60 Verbot der Abschiebung (1) In Anwendung des Abkommens vom 28. Juli 1951 über die Rechtsstellung der Flüchtlinge (BGBl. 1953 II S. 559) darf ein Ausländer nicht in einen Staat abgeschoben werden, in dem sein Leben oder seine Freiheit wegen seiner Rasse, Religion, Nationalität, seiner Zugehörigkeit zu einer bestimmten sozialen Gruppe oder wegen seiner politischen Überzeugung bedroht ist. (2) Ein Ausländer darf nicht in einen Staat abgeschoben werden, in dem ihm der in Art 4 Absatz 1 des Asylgesetzes bezeichnete ernsthafte Schaden droht. Absatz 1Satz 3 und 4 gilt entsprechend. (7) Von der Abschiebung eines Ausländers in einen anderen Staat soll abgesehen werden, wenn dort für diesen Ausländer eine erhebliche konkrete Gefahr für Leib, Leben oder Freiheit besteht. Eine erhebliche konkrete Gefahr aus gesundheitlichen Gründen liegt nur vor bei lebensbedrohenden oder schwerwiegenden Erkrankungen, die sich durch die Abschiebung wesentlich verschlechtern würden.

Kurz vor oder nach der Geburt "Wandern" die Hoden vom Bauchraum in den Hodensack. Ihre. Hüllen nehmen die Hoden dabei mit. Im Laufe des Lebens kann durch eine Störung des

Flüssigkeitsaustausches zwischen den Hodenhüllen, z.B. im Rahmen von Entzündungen, vermehrt Flüssigkeit gebildet werden, die nicht ausreichend abtransportiert werden kann. Dies nennt man eine **Wasserbruch**[10] Die Schwellung ist eine Art Blase, die vom Nebenhodenkopf ausgeht und Eiweiss- bzw. spermienreiche Flüssigkeit enthält.

---

10. Täter-Opfer-Ausgleich, Schadenswiedergutmachung (Art 46a StGB)

Klinik für Viszeralchirurgie

Westpfalz-Klinikum GmbH

Hauptabteilung: Viszeralchirurgie
Aufnahmeeinheit: 1 Bettsaal
Haus: Haus 2 Ebene 1 Zimmer 6
Fon: (0631) 203-1420
Fax: (0631) 203-1515
Mail: [illegible]@westpfalz-klinikum.de
Unser Zeichen: MKK-KL-CH01-87

Kaiserslautern, 08.02.2013

Vorläufiger Entlassbericht

Herr Sajad Pir Ahmadian, geb. am 15.08.1986 wohnhaft Asternweg 29, 67655 Kaiserslautern

Diagnose: Phlegmonöse Appendicitis

Therapie: Laparoskopische Ein-Port-Appendektomie(SILS) am 06.02.13 in ITN

Sehr geehrte Kollegin, sehr geehrter Kollege,

wir berichten über den Aufenthalt des oben genannten Patienten, der sich vom 05.02.2013 bis zum 09.02.2013 in unserer stationären Behandlung befand.

Anamnese:

Bei der Aufnahme berichtete der Patient über seit wenigen Stunden bestehende rechtsseitige abdominale Schmerzen und 5-maligen Durchfall.

Befund:

Klinisch fand sich ein konstanter Druckschmerz im rechten Unterbauch ohne peritoneale Reizung. Die orientierende Abdomen-Sonographie war blande.

Labor:

Bezeichnung	Ref.-Bereich	Einheit	05.4.13 32:03	6.2.13 01.28	8.2.13 01:49
Leukozyten	3.5-9.8	Tsd/µl	15.04↑	10.04↑	4.46
Erythrozyten	4.6-5.9	Mio/µl	5.60	5.53	5.34
Hämoglobin	13.3-17.7	g/dl	16.2	15.8	15.4
Hämatokrit	41.0-53.0	%	48.6	48.1	47.9
MCV	80.0-98.0	fl	87.3	86.8	89.8
MCH	26.4-34.0	pg	28.8	26.9	28.3
MCHC	31.4-36.3	g/dl	34.2	32.1	32.1
Thrombozyten	140-440	Tsd/µl	283.0	205.0	258.0
Segmentkernige	43-75	%	81.9↑	78.7↑	
Lymphozyten	18-45	%	12.2↓	13.7↓	

Pat.: Gajad Pir Ahmadian, Geb Dat. 15.00.1998, M

Bezeichnung	Ref. Bereich	Einheit	29.4.12 22:03	5.2.13 01:25	6.2.13 07:50
Monozyten	3-8	%	2.8	4.4	
Eosinophile	0-5	%	1.8	0.9	
Basophile	0.0-1.0	%	0.6	0.6	
Peroxidase-negative	<4.0	%	0.7	1.6	
Normoblasten	0	%	0.0	0.0	
Natrium	135-145	mmol/l	140	138	138
Kalium	3.6-4.8	mmol/l	4.20	4.20	4.80
GOT (AST)	10-50	U/l			24
GPT (ALT)	10-50	U/l	14	32	21
Gamma-GT	10-55	U/l	20	21	22
Cholinesterase	4900-12920	U/l			7858
alk. Phosphatase	40-130	U/l	90	85	
GFR (kalkuliert/MDRD-Formel)	70-179	ml/m/1.73	>90	>90	>90
Kreatinin (Jaffe)	0.7-1.2	mg/dl	0.88	0.99	0.92
Bilirubin	0.10-1.20	mg/dl	1.00	0.82	
Lipase	<60	U/l	27	22	
Glukose	55-110	mg/dl	88	112	86
CRP (C-reaktives Protein)	0.07-5.20	mg/l	0.50	27.50	36.50
Serum-Alkohol	<0.100	o/oo		<0.1	
Thromboplastinzeit	70-130	%	95	100	
INR (I)	0.8-1.2			1.03	1.01
aPTT	25-35	sec	22	25	
Fibrinogen nach Clauss	160-450	mg/dl		238	

Radiologische Diagnostik:

CT Oberbauch und Becken, nativ, durchgeführt am 05.02.2013
Unauffällige Darstellung der erfassten basalen Lungenabschnitte.
Kein Nachweis kalkdichter Konkremente in beiden Nieren oder im Ureterverlauf bds.
Soweit nativ beurteilbar, zeigt sich im Coecumbereich eine langstreckige Wandverdickung mit milder Fettgewebsimbibierung.
Kein Nachweis intraabd. freier Luft oder freier Flüssigkeit.
Soweit nativ beurteilbar, regelrechte Darstellung des Leberparenchyms ohne fokale Läsion.
Unauffällige Darstellung der Gallenblase ohne Konkrementnachweis.
Soweit nativ beurteilbar, regelrechte Darstellung des Pankreas und der Milz.
Unauffällige Darstellung der Nieren und Nebennieren, des NBKS und der Harnleiter bds.
Normalgroße Prostata mit diskreter Parenchymverkalkung. Harnblase unauffällig. Unauffälliges retroperitoneales Gefäßband.

Gesamtbeurteilung:

Langstreckige Wandverdickung im Coecumbereich.
Soweit nativ beurteilbar, kein Anhalt für abszessverdächtige Formationen.
Kein Anhalt für Perforation.
Kein Anhalt für Harnabflussbehinderung bds. oder Harnleiterstein bds.

Operative Therapie und postoperativer Verlauf:

Die stationäre Aufnahme des Patienten erfolgte zur klinischen Überwachung bei unklaren

Pat. Name Fr Ahmadian, Geb.Dat. 14.08.1989, M

rechtsseitigen Unterbauchschmerzen. Ein von unserem urologischen Konsiliarius eingeleitetes natives Abdomen-CT zeigte eine milde Coecumwandverdickung ohne Abszedierung. Aufgrund der milden Klinik und fehlender Abwehrspannung bestand allerdings initial keine OP-Indikation.

Im Verlauf kam es zur Progredienz der systemischen Infektzeichen und Klinik, sodass die Indikation zur diagnostischen Laparoskopie gestellt wurde. Dabei fand sich eine retrocoecal gelegene phlegmonöse Appendix, welche laparoskopisch entfernt wurde.

Der postoperative Verlauf gestaltete sich komplikationslos bei primärer Wundheilung und abgeschlossenem Kostaufbau, sodass der Patient nach intakter sonographischer und laborchemischer Kontrolle beschwerdefrei am 09.02.2013 entlassen werden konnte.

Wir empfehlen eine körperliche Schonung für weitere 10 Tagen. Ein Fadenzug ist bei resorbierbarem Nahtmaterial nicht erforderlich.

Medikation bei Entlassung:

keine

Die von uns verabreichten Medikamente sind lediglich ein Vorschlag. Sie können selbstverständlich jederzeit gegen äquivalente Substanzen ausgetauscht werden.

Mit freundlichen kollegialen Grüßen

PD Dr. med. Dr. med. habil. Dr. med. Stefan Bergheim Tim Baltabey
Christian Mönch   Oberarzt   Assistenzarzt
Chefarzt

I.V. Dr. med. Krisztina Hernadi
Assistenzärztin

Der blaue Flüchtlingspass[11]

wesentlich ist § 15 AsylG, der die Allgemeinen Mitwirkungspflichten regelt.

Im Asylverfahren muss demnach kein Pass oder eine andere Urkunde beschafft werden. Hilfreich ist deren Vorlage bei Besitz in vielen Fällen dennoch. Anerkennung als Flüchtling oder mit Asyl nach § 16 GG Hier ist die Situation einfach und klar:

- Es kann kein Botschaftsbesuch verlangt werden!
- Es ist auch kein Botschaftsbesuch notwendig!
- Ein Botschaftsbesuch würde zum Erlöschen der Anerkennung führen!

Jeder Anerkannte mit Flüchtlingsstatus erhält deshalb den sog. blauen Flüchtlingspass automatisch und gesetzlich geregelt. Es besteht nach § 72 Absatz 1 AsylG die Gefahr, dass als gesetzliche Folge der Asylstatus ansonsten erlischt. Erlöschen ist ein Automatismus.

Exkurs: Ist ein Pass erforderlich für die Aufenthaltserlaubnis?

In manchen Bundesländern verlangen Ausländerbehörden unberechtigterweise ein Pass zur Voraussetzung zur Erteilung einer Aufenthaltserlaubnis aus einem positiven Asylbescheid. Diese Praxis ist falsch und gesetzlich nicht haltbar. Die BAGFW hat dazu Stellungnahmen vom BMI erbeten, die dies noch einmal ausdrücklich bestätigen. Hier die Email des BMI vom 08.07.2017 dazu:

1) Zum einen spielt die Erfüllung der Passpflicht bei der Erteilung des Aufenthaltstitels eine Rolle.
- In der Regel müssen Ausländer einen Pass vorlegen, um einen Aufenthaltstitel zu bekommen (§ 5 Absatz 1 Nr. 4 AufenthG).
- Dies gilt allerdings nicht für anerkannte Flüchtlinge und subsidiär Schutzberechtigte und Inhaber einer Aufenthaltserlaubnis nach § 25 Absatz 3 (§ 5 Absatz 3 Satz 1 AufenthG). Diese sind kraft Gesetzes von der Pflicht zur Erfüllung der Passpflicht für die Erteilung der Aufenthaltserlaubnis ausgenommen („ist ... abzusehen"). Der Aufenthaltstitel ist somit ungeachtet dieser Erteilungsvoraussetzung zu erteilen (s. auch AVV Ziffer 5.3.1.1).

---

11. Straf- und Bußgeldvorschriften Verleitung zur missbräuchlichen Antragstellung (Art 84) Mit Freiheitsstrafe bis zu drei Jahren oder mit Geldstrafe wird bestraft, wer einen Ausländer verleitet oder dabei unterstützt, im Asylverfahren vor dem Bundesamt oder im gerichtlichen Verfahren unrichtige oder unvollständige Angaben zu machen, um seine Anerkennung als Asylberechtigter oder die Feststellung, daß die Voraussetzungen des § 51 Abs. 1 des Ausländergesetzes vorliegen, zu ermöglichen. In besonders schweren Fällen ist die Strafe Freiheitsstrafe von sechs Monaten bis zu fünf Jahren; ein besonders schwerer Fall liegt in der Regel vor, wenn der Täter gewerbsmäßig oder aus grobem Eigennutz handelt. Der Versuch ist strafbar. Wer die Tat zugunsten eines Angehörigen im Sinne des Art 11 Abs. 1 Nr. 1 des Strafgesetzbuches begeht, ist straffrei.

2) Zum anderen können Ausländer, die kein eigenes Reisedokument besitzen, einen deutschen
Reiseausweis beantragen, um damit Reisen außerhalb Deutschlands unternehmen zu können.
- Anerkannte Flüchtlinge erhalten einen Reiseausweis für Flüchtlinge gemäß dem
  Abkommen vom 28. Juli 1951 (GFK). Ihnen ist eine Vorsprache bei den nationalen
  Behörden des Herkunftsstaates zur Erlangung eines Passes, also auch bei ihren
  Auslandsvertretungen, grundsätzlich unzumutbar.
- Für andere Ausländer (z.B. auch subsidiär Schutzberechtigte) gibt es die Möglichkeit,
  einen Reiseausweis für Ausländer zu beantragen. Der Reiseausweis für Ausländer
  wird nur erteilt, wenn der Ausländer keinen Pass besitzt und ihn nachweislich auch
  nicht auf zumutbare Weise erlangen kann (§ 5 AufenthV).

Nach dem geltenden Recht ist subsidiär Schutzberechtigten eine Vorsprache bei den nationalen
Behörden des Herkunftsstaates zwecks Erlangung eines Nationalpasses nicht per se unzumutbar.
Welche konkreten Anforderungen an das Vorliegen einer Unzumutbarkeit zu stellen sind, ist nach
den Umständen des jeweiligen Einzelfalls durch die zuständige Ausländerbehörde zu beurteilen.
Die eine Unzumutbarkeit begründenden Umstände müssen grundsätzlich durch den Ausländer
gegenüber der Ausländerbehörde dargelegt und nachgewiesen werden (vgl. OVG NW, Beschluss
vom 17.05.2016 – 18 A 951/15).

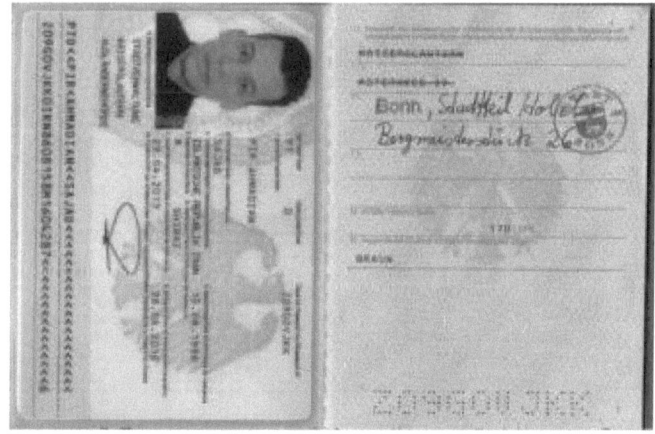

3) Hiervon unberührt bleibt die grundsätzlich nach § 3 AufenthG bestehende Passpflicht. Insoweit
wird auf die Ausführungen in AVV Ziffer 5.3 verwiesen. Referat M3 Aufenthaltsrecht;
Humanitäre Aufnahme Bundesministerium des InnernInsofern ist GRUNDSÄTZLICH bei
anerkannten Flüchtlingen, subsidiär Schutzberechtigten und auch Menschen mit
Abschiebungsverboten (Anerkannte nach § 25 Abs. 1-3 AufenthG) ein Pass KEINE
VORAUSSETZUNG für die Ausstellung der Aufenthaltserlaubnis aus dem positiven BAMF
Bescheid. Der unter 3. in der Email erwähnten grundsätzlich bestehenden Passpflicht genügt dabei
auch ein blauer Flüchtlingspass, grauer Reiseausweis oder ein Ausweisersatz. Reiseausweis als
Passersatz Ist eine Passbeschaffung unmöglich, nicht erreichbar oder kann gesetzlich oder
aufgrund der internen Regelungen der Ausländerbehörde nicht verlangt werden, wird ein sog.
grauer Reiseausweis ausgestellt. Die Verbindung zur jeweiligen Notwendigkeit zur
Passbeschaffung ist dabei zwingend, denn vorrangig ist immer der Nationalpass. Es ist die
absolute Ausnahme, dass Deutschland in die Hoheitsrechte eines anderen Staates eingreift und
selbst ein Passersatzpapier ausstellt. <u>Anerkannt Flüchtlinge erhalten wie o.g. ohnehin generell den
blauen Flüchtlingspass.</u>

Sanierungsmaßnahmen

Das geht nur, wenn wir uns zu Big Data als Prinzip der digitalen Schatzsuche bekennen und gleichzeitig die Regeln dafür neu justieren.

Gerade in der Gründungsphase besteht diese Gefahr, dann sind unverzüglich Sanierungsmaßnahmen einzuleiten. Diese bestehen vor allem in einem Kapitalnachschuss und einer strikten Ausgabenbe- schränkung. Start-ups sind vor allem durch das Eingehen von laufenden Zahlungsverpflichtungen wie Personalfixkosten, Leasing- oder Mietraten sowie unregelmäßigen Zahlungseingängen von Kunden gefährdet.

Krisenpotenzial durch Unternehmens-Restrukturierung
politi- sche Entscheidungsträger, insbesondere mit Bezug zur Region, werden sich entsprechend positionieren und auch profilieren. Sie setzen sich für die Rettung des Unternehmens ein (Schröder - Holzmann), um damit eine Schließung oder Teilschließung zu verhindern. Oder sie versuchen über die Öffentlichkeit Druck auf das Unternehmen auszuüben, um gegen die Unternehmensschritte zu intervenieren.

Die Motivatio- nen reichen von Störaktionen zur Erregung der öffentlichen Aufmerksamkeit bis zu schlicht kriminellen Frustrationshandlungen. Während sich medienwirksame Kampfmaßnahmen auf Mahnwachen, Arbeitsniederlegungen, Demonstrationen, Besetzung des Betriebsgeländes, Arbeitsblockaden und Warnstreiks beschränken, werden sie bedauerlicherweise immer wieder auch durch Delikte wie Diebstahl von Sachgütern, Preisgabe von Firmengeheimnis- sen, Sabotage oder gar die Bedrohung des leitenden Personals und deren Familien begleitet. (Satan bedeutet in der Ursprache der Bibel "Verkläger")

Die Prostitution ist also das Ventil, das sie davon abhält, „irgendwelchen Mist [zu machen]" (Dieter) oder „auf dumme Gedanken [zu kommen]" {Rolf). Diese dummen Gedanken können entweder Gewaltanwen- dungen oder sexuelle Untreue bedeuten. Dieser Gebrauch des 'Verbots' wird zudem dadurch unterstützt, wie Foucault den Diskurs an dieser Stelle beschreibt. Er ist keineswegs jenes transparente und neutrale Element, in dem sich die Sexualität entwaffnet und die Politik befriedet, vielmehr ist er ein bevorzugter Ort, einige ihrer bedrohlichsten Kräfte zu entfalten. Im Kontext der Erforschung privilegierter Positionen bleibt die Forscherin ebenso wenig neutral. Sie nimmt an der kulturellen Reproduktion geschlechtlicher und sexueller Identität zu einem gewissen Grad teil, selbst wenn sie lieber unschuldig bliebe (Smartl984, 155f.; O'Connell Davidson 1994, 214f.).

Das erste System der Ausschließung, das Foucault beschreibt, ist das 'Verbot' (1994, 11). Dabei geht es um ein Tabu, ein Verbot, über bestimmte Dinge in bestimmten Situationen zu sprechen, ein Verbot für bestimmte Personen, über das Tabui- sierte zu sprechen, und natürlich dem zugrunde liegend, diese Dinge zu tun. Das 'Verbot', das von den Freiem eingehalten wird, ist das Verbot, Homoerotik zu erleben und zu artikulieren.

Vor dem 18. Jahrhundert wurde Sexualität v. a. durch die Kirche und das Rechtssystem geregelt. Onanie, die damals (übliche Bezeichnung für Mastur- bation, stammt von der biblischen Figur Onan, der sich weigerte, mit der Frau seines verstorbenen Bruders ein Kind zu zeugen. Er praktizierte, was wir heute als *coitus interruptus* bezeichnen würden, und ließ seinen Samen „zu Boden" fallen. Damit aber riskierte er das Überleben des Familiennamens. Da der Familienname nun als Träger der Seele angesehen wurde, beging er damit eine Todsünde. Denn er trug zum Aussterben der Familie bei. Und Onanie war eben genau das für Theologen: eine Todsünde, die sich der Fortpflanzung verweigert (Eder 2002, 96).

Wie ist das soziale Oben und Unten, Rechts und Links mit seinen symbolischen Ordnungen signifikanter Unterschiede überhaupt entstanden?

Auf dem Weg zu einer globalen moralischen Dimension Andere übernationale Finanzprobleme, die moralische Fragen aufwerfen, schließen ein:

- Mißbrauch der Umwelt,
- Ausbeutung von Kindern in produzierenden Industrien,
- Handel mit Gütern, die auf ihren Heimatmärkten verboten sind oder abgelehnt werden,
- Ausnutzung von politischen Gefangenen als billige Arbeitskräfte,
- Gewährung von dringend benötigter Hilfe unter der Bedingung von Waffenkäufen,
- Errichtung von Ferienparks, die für die Angestellten, die die Urlauber bedienen, entwürdigende Verhältnisse schaffen.

Die wahre Würde sei weder ein erwerbbarer Ruhmestitel noch ein erwerbbare Adelstitel. Äußerst kritisch beurteilen sie die Idee der Amtswürde. Die wahre Würde sei ein kreatürliches Adelszeichen, das der einzelne nur von Gott, nicht aber aus sich heraus oder von anderen Menschen empfangen.

Die christliche Stimme ist heute die einzige, die sich noch vernehmbar für den unbedingten Schutz des menschli- chen Lebens erhebt, eben weil es im Christentum eine absolute, von Gott her bestimmte Würde zu schützen gilt. Das ist der Kerngehalt des Begriffs der absoluten Würde des Menschen: dessen Gebundensein an ein absolutes Sein, an Gott, der ihm, dem Menschen, diese unbedingte Würde verleiht, weil er ihn unbedingt liebt. Diese Liebe Gottes wird zum Kristallisationspunkt der christlichen Ethik. Sie befähigt den Menschen, die Liebe zu erwidern und weiterzugeben, an seinen Nächsten.

PFALZKLINIKUM
FÜR PSYCHIATRIE UND
NEUROLOGIE

Akademisches Lehrkrankenhaus der Universität Mainz

Pfalzklinikum, Psychiatrieverbund Nordwestpfalz
Klinik für Psychiatrie, Psychosomatik und Psychotherapie
Albert-Schweitzer-Str. 84, 67655 Kaiserslautern

Gemeinschaftspraxis

Psychotherapie
Kaiserslautern
Chefärztin:
Dr. med. Gudrun Auert, M. Sc.
Pflegedienstleitung:
Brigitte Anderl-Dohrn,
M. A., BScN
Albert-Schweitzer-Straße 84
67655 Kaiserslautern

Telefon: 0631/5249-0

www.pfalzklinikum.de

Nachrichtlich:

| Bearbeiter/in: | Durchwahl: | Fax: -2209 | E-Mail: | | DZ/AZ: | Datum: 24.10.2013 |

Herrn Sajad Pir Ahamadian, geb. 15.08.1986
Bergmeisterstück 26, 53229 Bonn

Kurzbrief

Sehr geehrte Kollegen,

wir berichten über obengenannten Patienten, der sich in der Zeit vom 23.10.2013 bis 24.10.2013 in unserer stationären Behandlung befand.
Es fand ein ausführliches Gespräch mit Oberarzt und Stationsärztin statt. Herr Ahamadian ist wach, bewusstseinsklar, voll orientiert, einges hränkt schwingungsfähig. Er wendet sich nach Zurückweisung durch die Freundin vermehrt religiösen Ideen zu. Diese Ideen sind nicht sicher als wahnhaft einzustufen. Herr Ahamadian äußert keine suizidalen Absichten, es besteht kein Hinweis auf akute Eigen- und / oder Fremdgefährdung. Es bestehen von unserer Seite keine Rückhaltegründe.

Diagnose(n)
Anpassungsstörungen, ICD10: F43.2

Aktuelle Medikation
keine

Mit freundlichen kollegialen Grüßen

Stationsärztin
(Dr. Eva Ritter)   Psychologe/in

| Geschäftsführer: | Verwaltungsratvorsitzender: | Bankverbindung: | Anstalt des | Wir gehören zum |
| Paul Bomke | Theo Wieder | Sparkasse Südliche Weinstr. BLZ: 548 500 10 Kto: 240 | öffentlichen Rechts | |

Juden raus

Parolen wie «**Juden raus**» oder «**Ausländer raus**» genügen dem nicht ohne weiteres, wenn z.B. Ausländer nur aufgefordert werden, das Land zu verlassen. Diese politische Forderung kann man als solche noch nicht Kriminalisieren, sondern ist im Rahmen des politischen Meinungskampfes hinzunehmen. Die Schwelle zur Volksverhetzung wird aber dann überschritten, wenn aufgrund weiterer Umständen zum Ausdruck gebracht wird, dass diese **gewaltsam vertrieben werden sollen.**

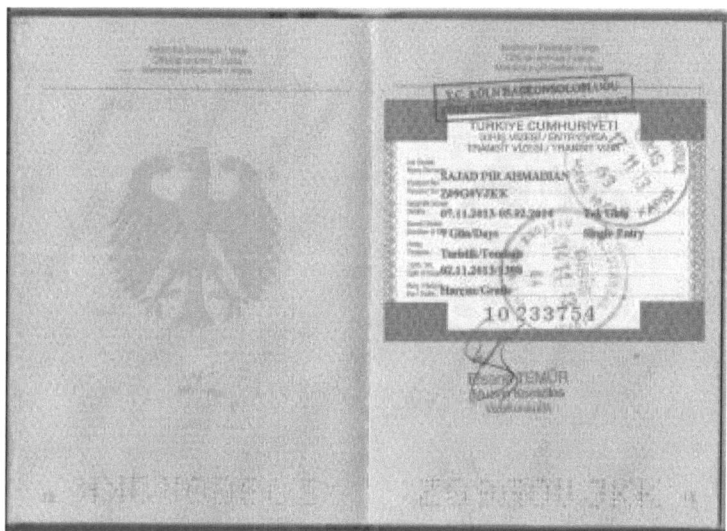

gesellschaftspolitischer Kampfbegriff – Gerechtigkeit

Aus dem Blute des Gekreuzigten eine andere, eine noch viel gewaltigere Frage, die ewige Frage der Menschheit: was ist Gerechtigkeit?

Menschliches Verhalten ist gut und gerecht, wenn es durch Normen bestimmt ist, von denen der handelnde Mensch wünschen kann oder soll, dass sie für allen Menschen verbindlich seien. Aristoteles lehrt: Gerechtes Verhalten ist die Mitte zwischen Unrecht- Tun und Unrecht-Leiden. Denn das Erstere ist zu viel, das Letztere zu wenig haben. In diesem Falle ist die Formel: Tugend ist die Mitte zwischen zwei Lastern, nicht einmal als eine Metapher sinnvoll; denn das Unrecht, das man tut, und das Unrecht das man leidet, sind gar nicht zwei Laster oder Übel, es ist ein und dasselbe Unrecht, das der eine dem anderen tut und daher der andere von dem eine leidet. Und die Gerechtigkeit ist einfach das Gegenteil dieses Unrechts. Aber das Bedürfnis nach absoluter Rechtfertigung scheint stärker zu sein als alle rationale Erwägung. Daher wendet sich der Menschen zur Religion und Metaphysik, um hier diese Rechtfertigung, d.h. die absolute Gerechtigkeit, zu finden. Das bedeutet aber, dass die Gerechtigkeit von dieser Welt in eine andere, transzendente Welt verlegt wird. Toleranz bedeutet Gedankenfreiheit. Die höchsten sittlichen Ideale sind kompromittiert worden durch die Intoleranz jener, die für sie eingetreten sind. Auf den Scheiterhaufen, die die spanische Inquisition zur Verteidigung der christlichen Religion angezündet hat, nicht nicht nur die Leiber der Ketzer verbrannt, sondern ist auch eine der vornehmsten Lehren Christi geopfert worden.

Daher ist es nicht verwunderlich, dass die zahlreichen Gerechtigkeitstheorien, die seit den ältesten Zeiten bis auf den deutigen Tag vorgebracht wurden, sich leicht auf zwei Grundtypen reduzieren lassen: einen metaphysisch-religiösen und einen radionalostischen oder, richtiger gesagt, einen pseudorationalistischen, Paulus hält fest an Jesu Lehre von der neuen Gerechtigkeit, der Liebe Gottes.[12] Aber er gibt zu, dass die Liebe, die Jesus lehrt, jenseits verstandenmäßiger Erkenntnis ist.[13] Sie ist ein Geheimnis, eines der vielen Geheimnisse des Glaubens.

Der griechische Buchstabe in der Mitte ist ein kleines Theta. Es handelt sich dabei um die uns interessierende Naturkonstante (hier: vier Kindergarten). Man nennt diesen Wert auch den wahren Wert, wahrer Parameter, wahres Persönlichkeitenermal, Persönlichkeitsparameter. Fähigkeitsparameter oder latentes Merkmal. Die individuelle Ausprägung eines Persönlichkeitsmerkmals kann in Form einer Zahl Theta adäquat dargestellt werden, die man Persönlichkeitsparameter nennt. Jeder Menschen «besitzt» diesem wahren Parameter, das heißt, man geht davon aus, dass der wahre Parameter für jeden Probanden oder Testteilnehmer wirklich existiert.

---

12. De Entwicklung der Reinen Rechtslehre kann durch den Hinweis auf folgende Werke Skizziert werden: H. Kelsen, Hauptproblem der Souveränität und die Theorie des Völksrecht, Tübingen 1920, 1928; ders., Allgemeine Staatslehre, Berlin 1925; ders., Reine Rechtslehre, Leipzig/Wien 1934, Wien 1960; ders., General Theory of Law and State, Cambrige 1945; ders., Allgemeine Theorie der Normen, Wien 1979.
13. H. Kelsen, Reine Rechtslehre, Leipzig/Wien 1934, S. IV.

Dieser andere Parameter wird miestens mit kleinen griechischen Sigma bezeichnet und weist als Parameter der wahren Schwierigkeit einer Testaufgabe die sogenannte Titelschwierigkeit aus. Dieses Zusammenspiel von Theta und Sigma, von Persönlichmeistparameter und Schwierigmeisterparameter, wird oftmals grafisch mittels der Itemkurve (auch: Item Characteristic Curve, ICC) dargestellt. Sie werden nicht in ein unerklärliches «Fehlerkonstrukt» ausgelagert, sondern zur Natur der Sache. «Fähig sein» bedeutet, «bestimmte Aufgaben mit bestimmter Wahrscheinlichkeit bewältigen zu können,

Man versucht heutzutage, sowohl qualitative als auch quantitative Verfahren einzusetzen, um gemeinsame Stärken einzubringen und Schwächen zu kompensieren. Oft werden innerhalb der methodischen Zusammenarbeit mithilfe einer qualitativen Vorstudie die relevanten Kalegorien einer quantitativen Hauptstudie ausgelotet.

Wie soll man sich gegen einen solchen Verletzer der Regel verhalten?[14]

Das Bedürfnis nach Rechtfertigung oder Rationalisierung ist Vielleicht einer der Unterschiede, die zwischen Menschen und Tier bestehen.

Das Tatsache, dass echte Werturteile subjektiv sind und dass daher sehr verschiedene, einander widersprechende Werturteile möglich sind, bedeutet durchaus nicht, dass jedes Individuum sein eigenes Wertsystem hat.

Die Tatsache, dass gewisse Werte in einer bestimmten Gesellscahft allgemeinen anerkannt werden, ist durchaus mit dem subjektiven und relativen Charakter der diese Werte behauptendem Urteile vereinbar. Dass viele Individuen in einem Werturteile Übereinstimmen, ist keinerlei Beweis dafür, dass dieses Urteil richtig, d.h. in einem objektiven Sinne gültig ist. Gerade so wie die Tatsache, dass die meisten Menschen glauben, oder doch geglaubt haben, die Sonne drehe sich um die Erde, kein Beweis dafür ist oder war, dass dieser Glaube auf Wahrheit beruht.

Das Wahre Leben ist aber ein ganz anderes Setting als die künstliche Welt der Labors.

---

14. Kelsen, Hans, was ist Gerechtigkeit?, o.J.S. 35

Otto Benecke
Stiftung e.V.

Otto Benecke Stiftung e.V. · Postfach 200154 · 53175 Bonn

Herrn
Sajad Pir Ahmadian
Bergmeisterstück 26
53229 Bonn

Kennedyallee 105 - 107

Ansprechpartner/in
Petra Tölkes
Tel 0228/8163-211
Fax: 0228/8163-100
E-mail: petra.toelkes@obs-ev.de

Gesch.-Z.: 551227
(bitte stets angeben)

25.08.2014

Förderung nach den < Richtlinien für die Gewährung von Zuwendungen an die Otto Benecke Stiftung e. V., Bonn, für die Vergabe von Beihilfen durch die Otto Benecke Stiftung e. V. an junge Spätaussiedlerinnen und Spätaussiedler sowie junge ausländische Flüchtlinge zur Vorbereitung und Durchführung eines Hochschulstudiums > sog. Garantiefonds-Hochschulbereich - (RL-GF-H) vom 19.01.98, GMBl 1998 Seite 147-

Außenstellen:
Büro Berlin
c/o GFBM gGmbH
Lützowstr. 106
10785 Berlin

Büro MIGOVITA
Am Groß St. Martin 7
50667 Köln

Mitteilung über Höhe und Dauer der laufenden Förderung

Sehr geehrter Herr Pir Ahmadian,

aufgrund Ihres Antrags und des zwischen Ihnen und der Otto Benecke Stiftung e. V. abgeschlossenen Vertrages erhalten Sie im Zeitraum vom 01.08.2014 bis 31.01.2015 eine Beihilfe für den Besuch der Maßnahme Deutschkurs.

Angaben über die Höhe der monatlichen Beihilfe entnehmen Sie bitte der Anlage zu dieser Mitteilung.

Beim Besuch der Maßnahme Sprachkurs (Deutsch und Englisch) werden die Kurskosten direkt an den Sprachkursträger gezahlt.

Mit freundlichen Grüßen
Im Auftrag

Petra Tölkes

Anlage K 1
Schriftsatz vom 30.06.16
FRENSCH
Rechtsanwälte

COMMERZBANK

Filiale Bonn

Herrn
Sajad Pir Ahmadian
Borgmaierstück 26
53229 Bonn

30.06.2016

Kündigung der Geschäftsverbindung - 1228253, Bankleitzahl: 380 400 07

Sehr geehrter Herr Pir Ahmadian,

gemäß Nummer 19 Absatz 1 unserer Allgemeinen Geschäftsbedingungen steht der Bank das Recht zu, die Geschäftsverbindung jederzeit aufheben zu können. Von diesem Recht machen wir hiermit Gebrauch und kündigen die Kontoverbindung mit Wirkung zum 01.08.2016.

Bitte erteilen Sie uns bis zum vorgenannten Termin einen Auftrag, auf welche Kontoverbindung wir ein noch vorhandenes Guthaben bzw. einen etwaigen Depotbestand übertragen können. Gerne können Sie sich auch ein auf Ihrem Konto befindliches Guthaben in einer unserer Geschäftsstellen auszahlen lassen. Ein bestehender Schuldsaldo muss bis zu diesem Termin ausgeglichen werden.

Wir empfehlen Ihnen, auch die Stellen, von denen Sie Zahlungseingänge erwarten, über die Änderung zu informieren. Ab dem vorgenannten Termin werden wir keinerlei Lastschriften oder sonstige Zahlungsverkehrsaufträge mehr ausführen. Bestehende Daueraufträge und etwaige offene Wertpapierorders werden zum Kündigungszeitpunkt gelöscht.

Weiterhin kündigen wir die bestehenden Kreditkarten/Maestro-Kartenverträge sowie etwaige weitere Produktverträge ohne feste Laufzeit. Ist bei einzelnen Ihrer bei uns abgeschlossenen Produktverträge eine von Nummer 19 Absatz 1 unserer Allgemeinen Geschäftsbedingungen abweichende ordentliche Kündigungsregelung vereinbart, kündigen wir zum nächstmöglichen Termin unter Einhaltung der vereinbarten Mindestkündigungsfrist.

Soweit Sie Produktverträge mit fester Laufzeit abgeschlossen haben, enden diese mit der vereinbarten Laufzeit.

Wir bitten Sie, uns bis zum 01.06.2016 die noch vorhandenen Scheckvordrucke, MaestroCards und/oder Kreditkarten zurückzusenden oder in einer unserer Geschäftsstellen abzugeben. Sollten sie ein Sparkonto bei uns unterhalten, lassen Sie uns bitte den aktuellen Sparkontoauszug (rechtgesetzliche Sparurkunde) zukommen. Ohne diese Urkunde ist ein Übertrag des Sparguthabens nicht möglich.

Wir bitten um Ihr Verständnis.

Mit freundlichen Grüßen

Commerzbank AG
Filiale Bonn

Jessica Sautter von Lüetzen   Helena Janzen

DER GENERALBUNDESANWALT
BEIM BUNDESGERICHTSHOF

Der Generalbundesanwalt • Postfach 27 20 • 76014 Karlsruhe

Herrn
Sajad Pir Ahmadian
Bergmeisterstück 25
53229 Bonn

Aktenzeichen	Bearbeiter	☏ (0721)	Datum
1 AR 543/17 (bei Antwort bitte angeben)	OAR Lindner	8191- 327	24. August 2017

Betrifft: Ihre E-Mail vom 24. August 2017

Sehr geehrter Herr Pir Ahmadian,

über die fehlende Zuständigkeit der Behörde des Generalbundesanwalts für Ihre Angelegenheit habe ich Sie bereits ausführlich informiert. Auch aufgrund Ihres erneuten Vorbringens vermag sie nicht tätig zu werden.

Weitere Schreiben in dieser Angelegenheit kann ich nicht beantworten.

Mit freundlichen Grüßen
Im Auftrag

(Lindner)

Hausanschrift:	Postschonanschr.:	Telefon:	Telefax:
Brauerstraße 30	Postfach 27 20	(0721) 81 91 - 0	(0721) 81 91 - 590
76135 Karlsruhe	76014 Karlsruhe		

Kritik der schwarzen Vernunft

Wie oft hat man uns außerdem zu verstehen gegeben, dass das niemand hören möchte; die Hölle ist keine religiöse Vorstellung mehr und kein Phantasiegebilde, sondern so wirklich wie Häuser, Steine und Bäume, Offensichtlichen will niemand wissen, dass die Zeitgeschichte eine neue Gattung von Menschen geschaffen hat – Menschen, die von ihren Feinden ins Konzentrationslager und von ihren Freunden ins Internierungslager die gesteckt werden. Selbst untereinander sprechen wir nicht über diese Vergangenheit. Staat dessen haben wir unseren eigenen Weg gefunden, die ungewisse Zukunft zu meistern. Wir halten die Sternne für Ratgeber, die Vertandswürdiger sind alle unsere Freunde; aus den Sternen deuten wir, wann es angebracht ist, mit unseren Wohlstand essen zu gehen, oder welcher Tag sich am besten dafür eignet, einen der zahllosen Fragebogen, die gegenwärtige unser Leben begleiten, auszufüllen vertrauen wir nicht einmal den Sternen, sondern verlassen uns lieber aufs Handlesen oder auf die Deutung der Handschrift. Wir fragen uns, wie das zu bewerkstelligen sei; wir sind schon so verdammt vorsichtig bei jedem Schritt in unserem Alltag, um ja zu vermeiden, dass jemand errät, wer wir sind, welche Sorte von Pass wir haben, wo unsere Geburtsurkunde ausgestellt worden sind – und dass Hilter uns nicht leiden konnte. Zunächst thematisiert sie den Eintritt der Juden in die Geschichte. Sie sind nicht länger ein Volks, das für sich selbst und von anderen als Modell biblischer Schicksalmuster zu verstehen ist. Die Geschichte ist für sie kein Buch mit sieben Siegeln und Politik kein Privileg der Nichtjuden mehr.

Der Genuß bürgerlicher und staatsbürgerliche Rechte, die Zulassung zu öffentlichen Ämtern sowie die im öffentlichen Dienste erworbenen Recht sind unabhängig von dem religiösen Bekenntnis. Niemanden darf aus seiner Zugehörigkeit oder Nichtzugehörigkeit zu einem Bekenntnis oder einer Weltanschauung ein Nachteil erwachsen.[15]

Sollen für Verfehlungen mit strengem Fasten oder mit kräftigen Rutenschlägen bestraft werden. Sie sollen dadurch geheilt werden.

Nach der Bibel war es Gott, der das zunächst nicht akzeptieren konnte. Adam wurde bestraft – Kain, dessen Opfer Gott abgewiesen hatte, wurde verworfen – die Generation von Noah wurde vernichtet – die Generation des Turmbaus zu Babel wurde zerstreut. Doch keine der Bestrafungen verbesserte die Welt. Erst, als sich Gott etwas von den Menschen – aufgrund der ethischen Herausforderungen, die sie zu meistern hatten – sagen ließ, bekam auch er eine Chance, sich in der Schöpfung zum Guten hin zu ver- wirklichen. Abraham war der erste, der mit ethischen Gesichtspunkten gegenüber Gott argumentierte. Wenn es nur zehn Gerechte in Sodom gebe, wäre es dann nicht gerecht- fertigt, um der Gerechtigkeit willen, die Stadt trotz ihrer Schlechtigkeit bestehen zu las- sen? Gott ließ sich auf Abrahams ethische Argumentation ein, war aber noch nicht so weit, sich danach zu verhalten. Sodom wurde trotz seiner Gerechten vernichtet.

---

15. Grundgesetz für die Bundesrepublik Deutschland vom 23. Mai 1949, Artikel 33 Abs. 3, Heyde, Wolfgang (Hg.), o.J. S. 45

Sprechen lernen (k)ein Problem?

Die Beherrschung des Inhalts eines oder mehrerer Sprachlehrbücher bedeutet noch nicht, daß wir die betreffende Sprache beherrschen.

All diese Menschen sind Träger mindestens einer Sprache, ihrer Muttersprache. Aus der kleinen Gruppe wurde ein Stamm, und in den einzelnen Stammesverbänden bildeten sich im Laufe der Zeit sprachliche Varianten – die Dialekte - heraus. Wer im Dialog steht, wird nicht so schnell verteufelt werden.

Kann das Erlernen einer Plansprache wie Esperanto den allgemeinen Fremdsprachenerwerb ersetzen?

Die Bedeutet der einzelnen Nationalsprachen soll und kann durch Esperanto nicht aufgehoben werden.

Notiz

Literaturverzeichnis

1. Grundgesetz für die Bundesrepublik Deutschland vom 23. Mai 1949,
2. Kelsen, Hans, was ist Gerechtigkeit?
3. Martina, Haedrich, Flucht, Asyl und Integration aus rechtlicher Perspektive, 2017 – ISBN 978-3-16-155458-2
4. Gruhn Wolfgang, Sprechen lernen (k)ein Problem?, Leipzig 1984
5. Renner, Güter, Ausländerrcht, ISBN 3 406 36545 0
6. Stein, Frank, Grundlagen der Polizeipsychologie, ISBN 3-8017-1726-7
7. Tomuschat, Chistian, Zur politischen Bestätigung des Ausländers in der Bundesrepublik Deutschland
8. Heuer, Gerhard, Politische Bestätigung von Ausländern und ihre Grenzen, 1970
9. Stenzel, Czelinski, Jürgen, Michael, Krieg Philosophie Texte von der Antike bis zur Gegenwart, Philipp Reclam jun. Stuttgart